EMG3-0139
合唱楽譜＜J-POP＞

J-POP
CHORUS PIECE

合唱で歌いたい！ J-POPコーラスピース

混声3部合唱

明日も

作詞・作曲：宮崎朝子　合唱編曲：西條太貴

●●● 曲目解説 ●●●

3ピース・ロックバンド、SHISHAMOが2017年2月にリリースしたアルバム「SHISHAMO 4」収録曲で、彼女たちの代表曲。若い世代の思いをストレートに歌った歌詞と、一度聴くと頭から離れない印象的なメロディーが特徴の楽曲です。原曲と同様、アップテンポで疾走感あふれる混声3部合唱アレンジでお楽しみください！

ELEVATO
MUSIC ENTERTAINMENT

明日も

作詞・作曲：宮崎朝子　合唱編曲：西條太貴

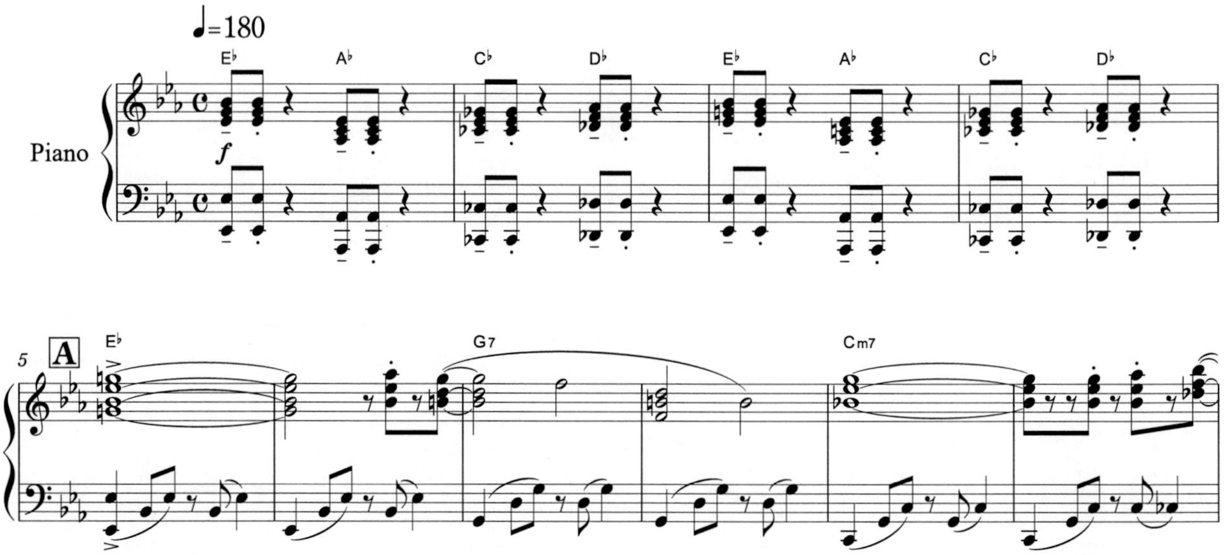

11
B♭m E♭ A♭ A♭m7 Gm
16
Cm7 Fm7 A♭m B♭ B♭sus4
B
22 Sop. mf
げ つ か すい も く きん は た ら い た ー ー ま だ わ か ー ら
Alt. mf
げ つ か すい も く きん は た ら い た ー ー ま だ わ か ー ら
Male mf
げ つ か すい も く きん は た ら い た ー ー
B E♭ A♭ Gm
mf
27
な い こ と ー だ ら け だ ー か ら ー ふ あ ん が ぼ く を ー し め て し ま
な い こ と ー だ ら け だ ー か ら ー ふ あ ん が ぼ く を ー し め て し ま
ふ あ ん が ぼ く を ー し め て し ま
Cm7 Fm B♭ E♭

32
ー ーう ときどきー ダメに なってしーまう
ー ーう ときどきー ダメに なってしーまう
ー ーう
A♭ Gm Cm7 Fm B♭
37
C
ー ー げつかすいもくきん はたらいたー
ー ー げつかすいもくきん はたらいたー
げつかすいもくきん はたらいたー
E♭ C E♭ A♭
42
ー Oo Oo
ー Oo Oo
ー ダメでもー まいにちー がんばるしかなーくてー
Gm Cm7 Fm B♭

47
だけどきんようび ー がおわれば ー ー Oo
だけどきんようび ー がおわれば ー ー Oo
だけどきんようび ー がおわれば ー ー だいじょうぶ ー しゅうまつは
E♭ A♭ Gm
52
D
ー Oo Oh oh oh ダメだも
ー Oo Oh oh oh Oh
ー ぼくのヒーローにあいにいくーー Oh oh oh ダメだも
Cm7 Fm B♭ E♭ D G
57
うダメだたちあがれないー そんなーじぶーん かえたくて
ー たちあがれないー Oo
うダメだたちあがれないー Oo
G7 Cm F7 A♭

62
E
f
きょうもいくー
いいことばかりじゃ
C♭ B♭ C♭ D♭ A
67
ないからさ いたくてなきたいときもあ
C♯ C♯7 F♯m7 Fm7 Em7
72
る そんなときにいーつもー たち
る Ah たち
(V) V
る だれよりもはやーくー
A D Dm C♯m F♯7

77
F
あがるー　ヒーローにあいたくてー　いたいけどはしった
あがるー　ヒーローにあいたくてーー　いたいけどはしった
ヒーローにあいたくてー　いたいけどはしった
Bm7
DmM7
E7
F
A
82
ーくるしいけどはしったーーー　むくわれるかなんてー　わ
ーくるしいけどはしったー　むくわれるかなんてー
ーくるしいけどはしったー　むくわれるかなんてー
C♯
C♯7
F♯m7
Fm7
87
からないけどー　とりあえず　まーだー　Oh
わからないーけど(Oh)
(V)
わからないーけど(Oh)　ぼくはおれ
Em7
A7
D
Dm
C♯m

92
ーヒローにーじぶんかさねて あしたも
ーヒローにーじぶんかさねて あしたも
ーなーい ヒーローにかさねて あしたも
F♯7(♭9) F♯7 Bm7 C♯m7 Dm7 Em7
97
G
mf
ー げつかすいもくきん がっこうへー
ー げつかすいもくきん がっこうへー
ー げつかすいもくきん がっこうへー
A G E♭ A♭
102
ーともだちのー わだいにー ついていくのはほんとはー
ーともだちのー わだいにー ついていくのはほんとはー
ー Oo Oo
Gm Cm7 Fm B♭

107
わたしにとってはー　たいへんでー　ー　わたしがほんとにすきなの
わたしにとってはー　たいへんでー　ー　わたしがほんとにすきなの
わたしにとってはー　たいへんでー　ー　Oo
E♭　A♭　Gm
112
ー　はきのうのテレビじゃなーい　げつかすいもく
ー　はきのうのテレビじゃなーい　げつかすいもく
ー　Oo　げつかすいもく
H
Cm7　Fm　B♭　E♭　E♭
117
きんがっこうへー　ー　ほんとうはー　しぶやもー　はらじゅ
きんがっこうへー　ー　ほんとうはー　しぶやもー　はらじゅ
きんがっこうへー　ー　Oo
A♭　Gm　Cm7

122
くもわからーないー だけどきんようびー がおわればー
くもわからーないー だけどきんようびー がおわればー
Oo だけどきんようびー がおわればー
Fm
B♭
E♭
A♭
127
ーだいじょうぶー しゅうまつはー わたしのヒーローにあいにいーくー
ーだいじょうぶー しゅうまつはー わたしのヒーローにあいにいーくー
ー Oo Oo
Gm
Cm7
Fm
B♭
E♭
132
I
Oh oh oh ダメだ もうダメだなみだもふけないー そんな
Oh oh oh Oh なみだもふけないー
Oh oh oh ダメだ もうダメだなみだもふけないー
I
G
G7
Cm
F7

137
ー じ ぶーん か え た く て きょ う も い く ー
Oo きょ う も い く ー
Oo きょ う も い く ー
A♭ C♭ B♭ C♭ D♭
142 J
f
ち っ ぽ け な こ と で な や ん で る ま わ り の
ち っ ぽ け な こ と で な や ん で る ま わ り の
ち っ ぽ け な こ と で な や ん で る ま わ り の
J A C♯ C♯7 F♯m7
147
ひ と は ー わ ら う け ど わ ら い も せ ず た ー だ ー
ひ と は ー わ ら う け ど Ah
ひ と は ー わ ら う け ど
Fm7 Em7 A D Dm

152
はしりかたー ヒーローーがおし えてくれる
はしりかたー ヒーローーがおし えてくれる
みせてくれーるー ヒーローーがおし えてくれる
C♯m F♯7 Bm7 DmM7
157
K
ー いたいけどはしったー くるしいけどはしったー ーー あ
ー ー いたいけどはしったー くるしいけどはしったー あ
ー いたいけどはしったー くるしいけどはしったー あ
E7 E7 A C♯ C♯7
162
したがかわるーかは わからないけどー とりあえずま
したがかわるーかは わからないーけ ど(Oh)
したがかわるーかは わからないーけ ど(Oh)
F♯m7 Fm7 Em7 A7 D

167
ーだー
Oh
ヒーローにー　じぶんかさ
ヒーローにー　じぶんかさ
ー　わたしはおれーなーい
ヒーローーにかさ
Dm
C♯m
F♯7(♭9)
F♯7
Bm7
C♯m7
172
L
ねて
あしたもー
ー
ねて
あしたもー
ー
ねて
あしたもー
ー
Dm7
Em7
D7
sempre f
Dm
177
C♯m7
CM7

182
Bm7
C♯m7
Dm
mf
cresc.
187
M
mp
Hum.
mf
い いこ と ば か り じゃ
Em7
C
A
f
sub.p
192
Hum.
な い か ら さ
mf
い た く て な き た い と き も あ
mp
(V)
C♯7
F♯m7
Fm7
Em7

197
る そんなときにいーつもー だれよりもはやーくー たち
る Oo たち
ー Oo たち
mp
f
(V)
A D Dm C♯m7 F♯7
202
N
あがるー ヒーローにあいたくてー いたいけどはしった
あがるー ヒーローにあいたくてー いたいけどはしった
あがるー ヒーローにあいたくてー いたいけどはしった
Bm7 DM7 D♯m7(♭5) E7 A
207
ー くるしいけどはしったー ーー むくわれるかなんてー わ
ー くるしいけどはしったー むくわれるかなんてー
ー くるしいけどはしったー むくわれるかなんてー
C♯ C♯7 F♯m7 Fm7

212
からないけどー とりあえず まーだー Oh
わからないーけ ど(Oh)
わからないーけ ど(Oh) ぼくはおれ
Em7 A7 D Dm C♯m
217
ヒーローにー じぶんかさね てあしたもー
ー ヒーローにー じぶんかさね てあしたもー
ーなーい ヒーローにかさね てあしたもー
F♯7(♭9) F♯7 Bm7 Dm7 Em7
222 O
しごともこいもーべんきょうも ひとつも
しごともこいもーべんきょうも ひとつも
しごともこいもーべんきょうも ひとつも
O
A C♯ C♯7 F♯m7

227
て ぬ き は で き な い な あ し た の じ ぶ ん ー の ー
て ぬ き は で き な い な Ah
て ぬ き は で き な い な た め
Fm7 Em7 A D Dm
232
な く の は べ つ に わ る い こ と じゃ な い
な く の は べ つ に わ る い こ と じゃ な い
だ と お も え ば ー いい ー べ つ に わ る い こ と じゃ な い
C♯m F♯7 Bm7 DmM7
237
P
ー き の う の じ ぶ ん を ー ほ め な が ー ら ー ー ー
ー ー き の う の じ ぶ ん を ー ほ め な が ー ら ー
ー き の う の じ ぶ ん を ー ほ め な が ー ら ー
E E7 P A C♯ C♯7

242
きょう をひたすーらに はし れ ばいいー はしりかたはま
きょう をひたすーらに はしれ ばいーい Oh
きょう をひたすーらに はしれ ばいーい Oh
F♯m7 Fm7 Em7 A7 D
247
ーたー Oh ヒーローにー じぶんかさ
ヒーローにー じぶんかさ
おしえてくれーるー ヒーローにかさ
Dm C♯m F♯7(♭9) F♯7 Bm7 C♯m7
252
Q
ねて あしたもー ー
ねて あしたもー ー
ねて あしたもー ー
mp
Dm7 Em7 Q A G A C
mp

257
p
Hum.
A G A G G♯ A G A C A G
mf
262
f
Wo Oh Wo Oh Wo Oh Wo Ah
A G G♯ A G A C A G A G G♯
267
più f
Wah Ah Wah Ah Wah Ah Wah Ah
A G A C A G A G G♯ Aadd9
ff

MEMO

明日も

作詞：宮崎朝子

月火水木金　働いた
まだ分からないことだらけだから
不安が僕を占めてしまう
時々ダメになってしまう

月火水木金　働いた
ダメでも　毎日頑張るしかなくて
だけど金曜日が終われば大丈夫
週末は僕のヒーローに会いに行く

ダメだ　もうダメだ　立ち上がれない
そんな自分変えたくて　今日も行く

良いことばかりじゃないからさ
痛くて泣きたい時もある
そんな時にいつも
誰よりも早く立ち上がるヒーローに会いたくて
痛いけど走った　苦しいけど走った
報われるかなんて　分からないけど
とりあえずまだ　僕は折れない
ヒーローに自分重ねて
明日も

月火水木金　学校へ
友達の話題についていくのは本当は
私にとっては大変で
私が本当に好きなのは昨日のテレビじゃない

月火水木金　学校へ
本当は渋谷も原宿も分からない
だけど金曜日が終われば大丈夫
週末は私のヒーローに会いに行く

ダメだ　もうダメだ　涙も拭けない
そんな自分変えたくて　今日も行く

ちっぽけなことで悩んでる
周りの人は笑うけど
笑いもせず　ただ　見せてくれる
走り方　ヒーローが教えてくれる
痛いけど走った　苦しいけど走った
明日が変わるかは　分からないけど
とりあえずまだ　私は折れない
ヒーローに自分重ねて
明日も

良いことばかりじゃないからさ
痛くて泣きたい時もある
そんな時にいつも
誰よりも早く立ち上がるヒーローに会いたくて
痛いけど走った　苦しいけど走った
報われるかなんて　分からないけど
とりあえずまだ　僕は折れない
ヒーローに自分重ねて
明日も

仕事も　恋も　勉強も
一つも手抜きはできないな
明日の自分のためだと思えば良い
泣くのは別に悪いことじゃない
昨日の自分を褒めながら
今日をひたすらに走ればいい
走り方はまた教えてくれる
ヒーローに自分重ねて
明日も

MEMO

MEMO

ELEVATO
MUSIC ENTERTAINMENT

エレヴァートミュージックエンタテイメントはウィンズスコアが
展開する「合唱楽譜・器楽系楽譜」を中心とした専門レーベルです。

ご注文について

エレヴァートミュージックエンターテイメントの商品は全国の楽器店、ならびに書店にてお求めになれますが、店頭でのご購入が困難な場合、下記PC&モバイルサイト・FAX・電話からのご注文で、直接ご購入が可能です。

◎PCサイト&モバイルサイトでのご注文方法

http://elevato-music.com

上記のアドレスへアクセスし、WEBショップにてご注文ください。

◎FAXでのご注文方法

FAX.03-6809-0594

24時間、ご注文を承ります。上記PCサイトよりFAXご注文用紙をダウンロードし、
印刷、ご記入の上ご送信ください。

◎お電話でのご注文方法

TEL.0120-713-771

営業時間内に電話いただければ、電話にてご注文を承ります。